GUILLAUME MARINETTE
Fotografie: David Japy
Foodstyling: Christine Legeret

OFENKÄSE

GENIAL EINFACHE KÄSE-IDEEN AUS DEM BACKOFEN

JAN THORBECKE VERLAG

Inhalt

Mont d'Or
WIE KÄSEFONDUE MIT KNOBLAUCH UND WEISSWEIN

Vorbereitung: 2 Minuten
Backzeit: 25 Minuten
Für 4 Personen

2 Knoblauchzehen
1 Mont d'Or (400 g)
2 cl trockener Weißwein

Den Ofen auf 180 °C vorheizen.

Den Knoblauch fein hacken. Die Käserinde kreuzförmig einschneiden. Knoblauch in den Käse stecken und den Käse mit dem Weißwein begießen. 25 Minuten in der Spanschachtel backen.

Mit gerösteten Brotwürfeln servieren, die in den Käse getunkt werden.

Mont d'Or MIT ÄPFELN UND ARMAGNAC

Vorbereitung: 10 Minuten
Backzeit: 35 Minuten
Für 3 Personen

2 Äpfel (z.B. Golden Delicious)
50 g Butter
1 EL brauner Zucker
1 Mont d'Or (400 g)
3 cl Armagnac

Die Äpfel schälen und vierteln, die Kerngehäuse entfernen. In einer heißen Pfanne die Butter schmelzen lassen, die Apfelspalten dazugeben und mit Zucker bestreuen. Unter regelmäßigem Rühren 5–10 Minuten karamellisieren lassen.

Den Ofen auf 190 °C vorheizen.

Die obere Rinde des Mont d'Or abschneiden und den Armagnac in den Käse gießen. Die karamellisierten Äpfel darauf verteilen und 25 Minuten im Ofen backen.

Mont d'Or
MIT GETROCKNETEN TOMATEN UND HASELNÜSSEN

Vorbereitung: 3 Minuten
Backzeit: 35 Minuten
Für 4 Personen

12 Haselnüsse
1 Mont d'Or (400 g)
5 getrocknete Tomaten
3 cl trockener Weißwein
1 Knoblauchzehe

Den Ofen auf 180 °C vorheizen.

Die Haselnüsse grob hacken und auf einem Backblech verteilen. Im vorgeheizten Backofen ca. 10 Minuten rösten.

In der Zwischenzeit die Rinde des Mont d'Or abschneiden. Die getrockneten Tomaten in Streifen schneiden, den Knoblauch hacken und beides mit dem Weißwein und den gerösteten Haselnüssen auf den Käse geben. 25 Minuten in der Spanschachtel backen.

Mit Brot, Croûtons usw. servieren.

Mont d'Or

MIT HONIG, WALNÜSSEN UND ROSINEN

Vorbereitung: 5 Minuten
Backzeit: 20 Minuten
Für 3–4 Personen

1 Mont d'Or (400 g)
2 EL Honig
8 Walnusskerne
20–25 Korinthen oder Sultaninen

Den Ofen auf 180 °C vorheizen.

Die Käserinde abschneiden und den Honig auf den Käse geben. Mit Walnusskernen und Rosinen bestreuen. 20 Minuten in der Spanschachtel backen.

Mit Brot, Croûtons usw. servieren.

Mont d'Or MIT KARTOFFELN IM SCHLAFROCK

Vorbereitung: 5 Minuten
Backzeit: 25 Minuten
Für 3–4 Personen

1 Mont d'Or (400 g)
500 g kleine Kartoffeln, selbst gekocht oder vorgekocht gekauft
3 Scheiben roher Schinken
6 Scheiben Chorizo

Den Ofen auf 180 °C vorheizen und den Mont d'Or oben einschneiden und 25 Minuten in der Spanschachtel backen.

Die Kartoffeln kochen oder nach Packungsangabe erhitzen.

Die Schinkenscheiben halbieren.

Schinken und Chorizo um die Kartoffeln wickeln und mit einem Spieß feststecken. In den Käse tunken.

Mont d'Or MIT ARME-RITTER-STICKS

Vorbereitung: 20 Minuten
Backzeit: 20 Minuten
Für 6 Personen

1 Mont d'Or (400 g)
4 Zwiebeln
90 g Butter
3 Eier
200 ml Milch
1 EL Kräuter der Provence
12 Scheiben Toastbrot

Den Ofen auf 180 °C vorheizen und den Mont d'Or 20 Minuten in der Spanschachtel backen. In der Zwischenzeit die Zwiebeln in dünne Streifen schneiden und mit etwas Butter in der Pfanne anbraten.

Die Eier mit der Milch und den Kräutern der Provence aufschlagen.

Die Toastbrotscheiben mit einem Nudelholz plätten.

Die gebratenen Zwiebeln auf einem Drittel jeder Toastscheibe verteilen und eng aufrollen. Die Toastbrotrollen durch die Eiermischung ziehen. Mit dem Rest der Butter in einer Pfanne goldbraun braten.

Den Mont d'Or aus dem Ofen holen und mit den Arme-Ritter-Sticks servieren.

Gefüllte
ROLLEN MIT SPECK UND KARTOFFELN

Vorbereitung: 20 Minuten
Backzeit: 25 Minuten
Für 6 Personen

6 Blätter Filoteig
500 g vorgegarte Kartoffeln
6 Scheiben Räucherspeck
120 g Crème fraîche
Frisch gemahlener Pfeffer
3 Eier
1 Mont d'Or (400 g)

Die Filoteigblätter halbieren.

Die vorgegarten Kartoffeln in Scheiben darauf verteilen und jeweils mit ½ Scheibe Räucherspeck belegen, dabei etwas Rand freilassen. Jeweils 1 TL Crème fraîche darauf verteilen und etwas Pfeffer darübermahlen.

Die beiden Enden der Teigstreifen über die Füllung einschlagen und das Ganze eng zusammenrollen.

Den Ofen auf 180 °C vorheizen.

Die Eier verquirlen. Die Rollen eintauchen oder damit bepinseln und kreisförmig um den Mont d'Or in seiner Schachtel auf ein mit Backpapier belegtes Backblech legen. 25 Minuten backen.

Samosa-Stern MIT FLEISCHFÜLLUNG

Vorbereitung: 10 Minuten
Backzeit: 25 Minuten
Für 6 Personen

1 kleine Zwiebel
1 Knoblauchzehe
7–8 Stängel Petersilie
350 g Hackfleisch
Salz und Pfeffer
6 Blätter Filoteig
3 Eier
1 Mont d'Or (400 g)

Zwiebel und Knoblauch schälen und hacken. Petersilie waschen, trockenschütteln und hacken. Alles in einer Schüssel mit dem Hackfleisch vermischen. Salzen und pfeffern und zu einer homogenen Masse verkneten.

Die Filoteigblätter längs halbieren, die abgerundete Seite auf die Schnittkante klappen. Etwas von der Füllung auf ein Ende geben und die Ecke so über die Füllung klappen, dass ein Dreieck entsteht. In die andere Richtung falten und wiederholen, damit dreieckige Päckchen entstehen. Den überstehenden Teigstreifen am Schluss in die beim Falten entstandene Falz schieben.

Den Ofen auf 180 °C vorheizen.

Die Eier verquirlen, die Samosas durch die Eiermischung ziehen und auf einem mit Backpapier belegten Backblech sternförmig um den Mont d'Or in seiner Schachtel legen. 25 Minuten backen.

Käsefondue MIT TACOS

Vorbereitung: 10 Minuten
Backzeit: 35 Minuten
Für 6 Personen

50 g Butter
3 Tortillas
1 Mont d'Or (400 g)
1 Zwiebel
1 grüne Paprika
1 rote Paprika
2 Hähnchenschnitzel
100 g Tomatensoße
1 EL mexikanische Gewürzmischung

Den Ofen auf 180 °C vorheizen. In einer Schüssel die Butter schmelzen.

Mit einem Glas oder einer Ausstechform Kreise aus den Tortillas ausschneiden. In der Butter tränken und in die Zwischenräume einer umgedrehten Muffinform klemmen. 10 Minuten im Ofen backen.

Den Mont d'Or 25 Minuten in seiner Spanschachtel backen, danach mit der Kräutermischung bestreuen. In der Zwischenzeit die Zwiebel schälen und hacken. Die Paprika von den Kernen befreien und in Streifen schneiden. Das Hähnchenfleisch in Würfel schneiden und mit der Tomatensoße bei mittlerer Hitze ca. 10–15 Minuten garen. Regelmäßig umrühren.

Die Tacos mit dieser Mischung füllen und mit dem Mont d'Or servieren.

Knoblauch-Overkill

Vorbereitung: 20 Minuten
Backzeit: 15 Minuten
Für 6 Personen

½ Knolle Knoblauch
125 g gesalzene Butter
½ Bund Petersilie
500 g Brotteig (Fertigmischung, aus der Dose im Kühlregal oder selbst vorbereitet s.u.)
1 Mont d'Or (400 g)
50 ml Olivenöl

Eine Schüssel Wasser in den Ofen stellen und den Ofen auf 200 °C vorheizen.

Den Knoblauch schälen und mit den Butterwürfeln und 90 % der Petersilie mixen, bis eine homogene Mischung entsteht. Ins Tiefkühlfach stellen.

In der Zwischenzeit aus dem Teig Kugeln von ca. 15 g formen. Flach klopfen und jeweils 1 TL von der Knoblauchbutter in die Mitte drücken. Wieder zur Kugel formen und auf einem mit Backpapier belegten Backblech um einen Mont d'Or anordnen. Die restliche Petersilie hacken und mit dem Olivenöl vermischen. Die Teigkugeln damit bestreichen.

15 Minuten backen und heiß servieren.

Rezept für den Brötchenteig
30 g frische Hefe oder 1,5 Päckchen Trockenhefe.
250 ml Wasser.
1 Prise Zucker.
400 g Mehl.
1 Tl Salz.
100 ml Öl.
Hefe mit Zucker im lauwarmen Wasser auflösen und ca. 15 Minuten stehen lassen. Dann Mehl, Salz und Öl unterrühren. Den Teig ca. 1 Stunde gehen lassen, dann zu Brötchen formen. Oder: Den Teig morgens schon vorbereiten und zum Gehen über Tag in der Kühlschrank stellen. Abends verarbeiten.

Würstchen-KRANZ

Vorbereitung: 15 Minuten
Backzeit: 30 Minuten
Für 6 Personen

3 Packungen Blätterteig
1 Mont d'Or (400 g)
12 Bockwürstchen
1 Eigelb

Den Ofen auf 210 °C vorheizen.

Den Blätterteig ausrollen und die Würstchen so darin einwickeln, dass sie ganz vom Teig umhüllt sind.

Jede Würstchenrolle in 5 gleich große Stücke schneiden und die Rollen in einer Kuchenform aufrecht um den Mont d'Or in seiner Spanschachtel anordnen. Mit dem Eigelb bepinseln.

30 Minuten backen, davon die ersten 15 Minuten mit Aluminiumfolie bedecken. Heiß servieren.

Blätterteigblume MIT ZWEIERLEI SCHINKEN

Vorbereitung: 25 Minuten
Backzeit: 25 Minuten
Für 6 Personen

3 Packungen Blätterteig
5 Scheiben gekochter Schinken
5 Scheiben roher Schinken
1 Mont d'Or (400 g)
1 Eigelb

Den Ofen auf 210 °C vorheizen.

Den Blätterteig ausrollen. Mit einer Kaffeetasse oder einer Ausstechform Kreise aus dem Teig, dem gekochten und dem rohen Schinken ausstechen (oder den Schinken in Streifen schneiden).

Die Hälfte der Teigscheiben mit gekochtem Schinken und die andere Hälfte der Teigscheiben mit rohem Schinken belegen.

Jeden Kreis einmal vom Rand bis zur Mitte einschneiden. Eine Ecke anheben und alles zu einer Art Rosenblüte zusammenrollen.

Die einzelnen Blüten mit dem zweierlei Schinken abwechselnd auf einem mit Backpapier belegten Backblech um den Mont d'Or in seiner Schachtel anordnen. Vorsichtig mit dem Eigelb bepinseln. 25 Minuten backen und heiß servieren.

Camembert MIT HONIG-ROSMARIN-MÜRBTEIGTALERN

Vorbereitung: 20 Minuten
Backzeit: 15 Minuten
Kühlzeit: 30 Minuten
Für 4 Personen

Mürbteigtaler

150 g Mehl
90 g weiche Butter
100 g Parmesan
1 Prise Fleur de Sel
1 Ei
2 TL Rosmarin

Camembert

1 Camembert (250 g)
2 EL Honig
1 EL gerebelter Thymian oder 1 frischer Zweig

Für die Mürbteigtaler das Mehl, Butter, Parmesan und Fleur de Sel zu einem homogenen, mürben Teig vermengen. Das Ei und den Rosmarin zufügen. Durchkneten und eine Rolle formen. Fest in Frischhaltefolie einwickeln und für 30 Minuten in den Kühlschrank legen.

Den Ofen auf 180 °C vorheizen. Die Teigrolle in ca. ½ Zentimeter dicke Scheiben schneiden und die Scheiben auf ein mit Backpapier ausgelegtes Backblech legen.

Die obere Rinde des Camembert abschneiden. Honig und Thymian auf dem Käse verteilen und ihn in der Spanschachtel zusammen mit den Mürbteigtalern 15 Minuten backen.

Camembert MIT SPECK UND ZWIEBELN

Vorbereitung: 5 Minuten
Backzeit: 25 Minuten
Für 3–4 Personen

½ Zwiebel
100 g Speckwürfel
1 Camembert (250 g)

Den Ofen auf 180 °C vorheizen.

Die halbe Zwiebel schälen und hacken. In einer Pfanne zusammen mit dem Speck anschwitzen. 5 Minuten bräunen lassen, dabei regelmäßig umrühren.

Die Käserinde abschneiden und die Zwiebel-Speck-Mischung auf dem Käse verteilen. 20 Minuten in der Spanschachtel backen. Mit Brot, Croûtons usw. servieren.

Camembert
MIT FEIGEN UND ENTENBRUST

Vorbereitung: 5 Minuten
Backzeit: 20 Minuten
Für 3–4 Personen

1 Camembert (250 g)
3 cl Cidre
4 weiche getrocknete oder frische Feigen (halbiert)
4 Scheiben geräucherte Entenbrust
Frisch gemahlener Pfeffer

Den Ofen auf 180 °C vorheizen.

Die Käserinde abschneiden und den Cidre über den Käse gießen. Die halbierten Feigen und die Entenbrustscheiben gleichmäßig darauf verteilen. 20 Minuten in der Spanschachtel backen.

Nach dem Backen etwas frischen Pfeffer darübermahlen. Mit Brot, Croûtons usw. servieren.

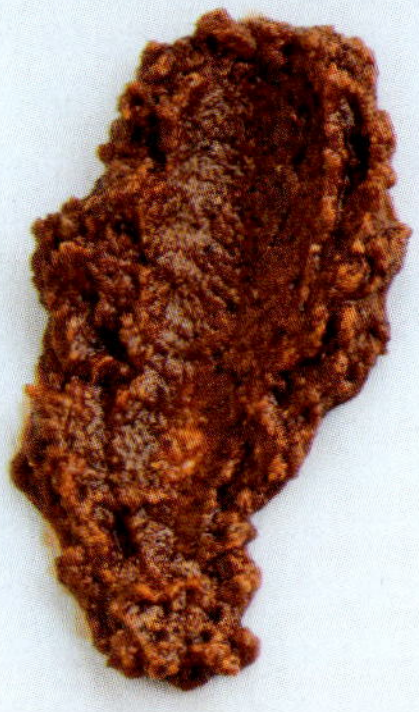

Camembert

MIT GEGRILLTER PAPRIKA UND ROTEM PESTO

Vorbereitung: 5 Minuten
Backzeit: 20 Minuten
Für 3–4 Personen

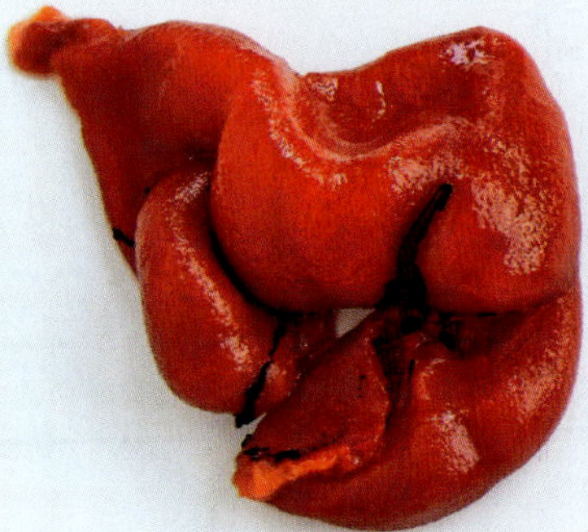

1 Camembert (250 g)
2 EL rotes Pesto
2 gegrillte Paprika (aus dem Glas)
½ TL Thymian

Den Ofen auf 180 °C vorheizen.

Die Käserinde abschneiden und das Pesto auf dem Käse verteilen. Mit den Paprika belegen und 20 Minuten in der Spanschachtel backen.

Nach dem Backen mit dem Thymian bestreuen. Mit Brot, Croûtons usw. servieren.

Spargel IM SCHLAFROCK

Vorbereitung: 10 Minuten
Backzeit: 25 Minuten
Für 6 Personen

12 Spargelstangen
1 Packung Blätterteig (rechteckig)
1 Eigelb
50 g ungesalzene Cashewnüsse
100 ml Olivenöl
1 Camembert (250 g)

Den Ofen auf 200 °C vorheizen. Den Spargel putzen und das untere Ende abschneiden. Die Cashewnüsse hacken, einige davon ganz lassen.

Den Blätterteig ausrollen und in 12 gleichmäßige Streifen schneiden. Die Teigstreifen jeweils um die Hälfte des Spargels wickeln. Mit dem Eigelb bepinseln und mit den gehackten Cashewnüssen bestreuen. Die sichtbaren Spargelhälften mit Olivenöl bepinseln.

Den Camembert in der Holzschachtel auf ein mit Backpapier belegtes Backblech setzen, die obere Rinde abschneiden und den Käse mit den ganzen Cashewnüssen bestreuen. Den Spargel mit aufs Blech legen. 20 Minuten backen. Heiß servieren.

Camembert MIT CURRY-CROÛTONS

Vorbereitung: 5 Minuten
Backzeit: 20 Minuten
Für 3–4 Personen

50 g Butter
1 TL Currypulver
½ Baguette (frisch oder vom Vortag)
1 Camembert (250 g)

Die Butter in einer Schüssel eine Minute bei 750 Watt in der Mikrowelle schmelzen. Den Curry einrühren.

Den Ofen auf 180 °C aufheizen.

Das Brot in Würfel schneiden, die Würfel in der geschmolzenen Butter schwenken und neben den Camembert in seiner Holzschachtel auf ein mit Backpapier belegtes Backblech geben. 20 Minuten im Ofen backen.

Tipp
Je nach Ofen backen die Croûtons schneller als der Käse, deshalb herausnehmen, sobald sie goldbraun sind.

Camembert MIT TOMATEN-BASILIKUM-CROÛTONS

Vorbereitung: 5 Minuten
Backzeit: 20 Minuten
Für 3–4 Personen

50 g Butter
1 TL getrocknete Tomate-Basilikum-Mischung
½ Baguette (frisch oder vom Vortag)
1 Camembert (250 g)

Die Butter in einer Schüssel eine Minute bei 750 Watt in der Mikrowelle schmelzen. Die Gewürzmischung einrühren.

Den Ofen auf 180 °C aufheizen.

Das Brot in Würfel schneiden, die Würfel in der geschmolzenen Butter schwenken und neben dem Camembert in seiner Holzschachtel auf ein mit Backpapier belegtes Backblech geben. 20 Minuten backen.

Tipp
Je nach Ofen backen die Croûtons schneller als der Käse, deshalb herausnehmen, sobald sie goldbraun sind.

Blätterteigspieße MIT WÜRSTCHEN UND TOMATEN

Vorbereitung: 8 Minuten
Backzeit: 15 Minuten
Für 5 Personen

1 Packung Blätterteig
20 Kirschtomaten
20 Mini-Würstchen (z.B. Knacki-Ball)
1 Camembert (250 g)
1 Eigelb

Den Blätterteig ausrollen und in ca. 3x12 cm große Streifen schneiden.

Einen Schaschlikspieß 1 cm vom Rand entfernt durch einen der Teigstreifen stecken, eine Tomate aufspießen und wieder durch den Teig stechen. Ein Würstchen aufspießen und wieder durch den Teig stechen. Das Ganze wiederholen, bis auf jedem Spieß zwei Tomaten und zwei Würstchen stecken.

Den Ofen auf 210 °C vorheizen.

Den Camembert in seiner Spanschachtel auf ein Backblech stellen und die Spieße mit dazulegen. Den Teig mit dem Eigelb bepinseln und alles 15 Minuten backen.

Heiß oder lauwarm servieren.

Frittierte KARTOFFELBÄLLCHEN

Vorbereitung: 10 Minuten
Backzeit: 45 Minuten
Für 6 Personen

800 g Kartoffeln
3 Eier
150 g Paniermehl
1 Camembert (250 g)
Öl zum Frittieren
Salz und Pfeffer

Die Kartoffeln schälen und ca. 20 Minuten in Salzwasser kochen. Abkühlen lassen, dann stampfen oder mit einer Gabel zerdrücken. Mit Salz und Pfeffer würzen und gut vermischen, dann Kugeln formen (Durchmesser ca. ein Zweieurostück).

Die Eier verquirlen. Die Kartoffelbällchen nacheinander erst durch die Eiermischung und dann durch das Paniermehl ziehen.

Den Ofen auf 180 °C vorheizen. Die obere Käserinde abschneiden, den Käse pfeffern und 20 Minuten im Ofen backen.

Die Kartoffelbällchen jeweils 2–3 Minuten frittieren. Mit dem Käse servieren.

Käsewindbeutel
PISTAZIEN UND SCHATTENMORELLEN

Vorbereitung: 5 Minuten
Backzeit: 20 Minuten
Für 6 Personen

1 Camembert (250 g)
10 geschälte und enthäutete Pistazien
15 Schattenmorellen in Alkohol
24 Tiefkühl-Käsewindbeutel

Den Ofen auf 200 °C vorheizen.

Die Käserinde abschneiden und die Pistazien und Kirschen gleichmäßig auf dem Käse verteilen. 15 Minuten im Ofen backen.

Nach dem Backen die gefrorenen Käsewindbeutel um den Käse legen und alles noch einmal 5 Minuten bei 200 °C im Ofen backen.

Heiß servieren.

Tipp
In Frankreich kann man Käsewindbeutel oder Gougères tiefgefroren kaufen, z.B. bei Picard oder Carrefour. Sie sind aber auch nicht schwer herzustellen:

Zutaten: 80 g Butter, 1 TL Salz, 150 g Mehl, 4 Eier (+ nach Belieben ein Eigelb zum Bestreichen), 150 g geriebenen Greyezer oder Emmentaler, 1 Prise geriebenen Muskat, Salz, Pfeffer; Zubereitung: 20 Minuten – Backzeit 25 Minuten.

Den Ofen auf 200 °C vorheizen. 250 ml Wasser mit der klein geschnittenen Butter und 1 TL Salz zum Kochen bringen. Den Topf vom Feuer nehmen und das Mehl auf einmal dazugeben. Energisch umrühren und eine Minute lang über schwacher Hitze abbrennen lassen. Kurz abkühlen lassen, dann nach und nach die Eier unterrühren. Den geriebenen Käse, Muskatnuss, Salz und Pfeffer hinzugeben. Mit einem Kochlöffel kleine Portionen des Teigs auf ein gefettetes Backblech setzen. Nach Belieben mit dem Eigelb bestreichen. 25 Minuten lang backen. Auch selbst gemachte Käsewindbeutel lassen sich prima einfrieren.

Chorizo – BRIOCHE

Vorbereitung: 30 Minuten
Backzeit: 20 Minuten
Ruhezeit: 3 Stunden
Für 8 Personen

500 g Mehl
10 g Salz
20 g frische Bäckerhefe
5 Eier (Raumtemperatur)
200 g weiche Butter
150 g Chorizo, in Würfel geschnitten
1 Camembert (250 g)
1 Eigelb

Mehl, Salz und Hefe unvermischt in die Rührschüssel einer starken Rührmaschine geben. Bei hoher Geschwindigkeit durchkneten. Während des Rührens die Eier zugeben. Bei mittlerer Geschwindigkeit 8 Minuten rühren. Die Butter und die Chorizo in Würfeln zugeben. 10 Minuten weiterrühren, bis sich der Teig vom Rand der Rührschüssel löst. Mit einem Küchentuch abdecken und 1 Stunde bei Zimmertemperatur gehen lassen.

Den Teig auf sein ursprüngliches Volumen zurücksinken lassen, indem man ihn mit dem Teigschaber oder dem flachen Messer plattklopft (ohne ihn zu kneten).

Dann 1,5 Stunden kühl stellen.

Den Teig in 28 gleich große Kugeln teilen.

Den Camembert in die Mitte eines mit Backpapier belegten Backblechs stellen und die Teigkugeln darum anordnen. 30 Minuten gehen lassen.

Währenddessen den Ofen auf 180 °C vorheizen. Den Teigkranz mit dem Eigelb bepinseln und das Ganze 20 Minuten im Ofen backen. Heiß oder lauwarm servieren.

Camembert-KRANZ

Vorbereitung: 20 Minuten
Bratzeit: 5 Minuten
Backzeit: 15 Minuten
Für 6 Personen

2 Zwiebeln
1 EL Zucker
1 Packung rechteckiger Pizzateig
80 g Feigenconfit (Feigen-Chutney)
1 Camembert (250 g)
1 Eigelb
1 EL Sesamsaat

Die Zwiebeln schälen und in dünne Streifen schneiden. Mit dem Zucker bei mittlerer Hitze 5 Minuten in einer beschichteten Pfanne karamellisieren lassen.

Den Ofen auf 210 °C vorheizen.

Den Teig ausrollen und mit dem Feigenconfit bestreichen. Die karamellisierten Zwiebeln gleichmäßig darauf verteilen und eng zusammenrollen.

Die Rolle mit einer Schere alle 4–5 cm zu 80 % anschneiden. Die Teigrolle mit den Einschnitten nach außen auf einem mit Backpapier belegten Backblech ringförmig um den Camembert in seiner Spanschachtel legen.

Mit dem Eigelb bestreichen und mit dem Sesam bestreuen. 15 Minuten backen. Heiß servieren.

Herzogin- KARTOFFELKRANZ

Vorbereitung: 20 Minuten
Kochzeit: 20 Minuten
Backzeit: 15 Minuten
Für 6 Personen

600 g Kartoffeln
3 Eigelb
40 g Butter
Salz und Pfeffer
1 Camembert (250 g)

Die Kartoffeln schälen und im Dampf oder im Wasser 20 Minuten garen.

Den Ofen auf 200 °C vorheizen.

Die Kartoffeln nach dem Garen stampfen, durchpressen oder mit einer Gabel zerdrücken. Das Eigelb und die Butter zugeben. Mit Salz und Pfeffer würzen.

Die Kartoffelmischung in eine Spritztülle mit geriffeltem Aufsatz füllen. Den Camembert in der Holzschachtel auf ein mit Backpapier belegtes Backblech setzen und die Kartoffelmischung in Form von Herzoginkartoffeln ringförmig um den Käse spritzen. Statt eine geriffelte Tülle zu verwenden, kann man auch kleine Häufchen spritzen und die Form mit einer Gabel in die Masse ziehen. 15 Minuten im Ofen backen.

Heiß servieren.

Gerollter KRANZ

Vorbereitung: 15 Minuten
Backzeit: 15 Minuten
Für 6 Personen

7–8 Stängel Petersilie
10 entsteinte schwarze Oliven
1 Packung rechteckiger Pizzateig
150 g Tomatensoße
1 Camembert (250 g)

Den Ofen auf 210 °C vorheizen.

Die Petersilie hacken und die Oliven in Scheiben schneiden.

Den Pizzateig ausrollen und mit der Tomatensoße bestreichen. Die Olivenscheiben und zwei Drittel der Petersilie darauf verteilen. Fest zusammenrollen, dann in ca. 5 cm breite Scheiben schneiden.

Den Camembert in der Holzschachtel auf ein mit Backpapier belegtes Backblech stellen und die Schnecken ringförmig darum gruppieren. 15 Minuten im Ofen backen.

Nach dem Backen mit der restlichen Petersilie bestreuen.

Heiß servieren.

Champignon-SCHIFFCHEN

Vorbereitung: 10 Minuten
Kochzeit: 5–10 Minuten
Backzeit: 15 Minuten
Für 6 Personen

500 g Champignons
1 Knoblauchzehe
7–8 Stängel Petersilie
1 Schuss Olivenöl
1 Packung rechteckiger Pizzateig
1 Camembert (250 g)

Den Ofen auf 210 °C vorheizen.

Die Champignons putzen und in feine Scheiben schneiden. Knoblauch und zwei Drittel der Petersilie hacken und mit den Champignons und einem Schuss Olivenöl anbraten. Ca. 5 Minuten bei mittlerer Hitze garen. Vom Herd nehmen und abkühlen lassen.

Den Pizzateig aufrollen und in 18 gleich große Rechtecke schneiden. Die längeren Kanten aufrollen, sodass ein Rand entsteht, dann die Enden zusammendrücken. Es sollen kleine Schiffchen entstehen. Die Champignonmischung einfüllen.

Den Camembert in der Holzschachtel auf ein mit Backpapier belegtes Backblech stellen und die Schiffchen kreisförmig darum gruppieren.

15 Minuten backen. Nach dem Backen mit der restlichen gehackten Petersilie bestreuen. Heiß servieren.

Reblochon
MIT ZWIEBELN UND CUMIN

Vorbereitung: 5 Minuten
Bratzeit: 10 Minuten
Backzeit: 20 Minuten
Für 4 Personen

1 Zwiebel
1 ganzer Reblochon (ca. 500 g)
1 EL Kreuzkümmelsaat (Cumin)
Olivenöl

Die Zwiebel schälen und in schmale Streifen schneiden. In einer Pfanne mit etwas Olivenöl karamellisieren lassen.

Den Ofen auf 180 °C vorheizen.

Den Reblochon in eine feuerfeste Form legen. Die Rinde in 2 Zentimeter Abstand kreuzförmig einschneiden. Die Einschnitte abwechselnd mit Kreuzkümmelsaat und den karamellisierten Zwiebeln belegen.

20 Minuten im Ofen backen. Mit Brot, Croûtons usw. servieren.

Brie AUS DEM OFEN MIT HAFERTALERN

Vorbereitung: 10 Minuten
Garzeit Hafertaler: ca. 10 Minuten
Backzeit Käse: 15 Minuten
Für 4 Personen (10–12 Taler)

Hafertaler
90 ml heißes Wasser
60 g Margarine
150 g Haferflocken
75 g Vollkornmehl (am besten Type 1050)
1 EL brauner Zucker
1 Prise Backpulver
1 Prise Salz

Brie
1 kleiner Brie (ca. 400 g)
8 weiche, getrocknete Aprikosen
20 ganze geschälte Mandeln

Für die Hafertaler die Margarine eine Minute mit dem Wasser in der Mikrowelle auf höchster Stufe schmelzen. Die anderen Zutaten vermischen. Das Wasser mit der geschmolzenen Margarine zugeben. Zu einer homogenen Masse verkneten. Den Teig 3 Millimeter dick auf der Arbeitsplatte ausrollen. Mit einem Glas oder einer Ausstechform Kreise ausstechen und in einer beschichteten Pfanne bei guter Hitze von jeder Seite 4 Minuten garen. Abkühlen lassen.

Den Ofen auf 200 °C vorheizen. Die obere Käserinde abschneiden, den Käse in eine feuerfeste Form legen. Die Aprikosen und Mandeln gleichmäßig darauf verteilen. 15 Minuten im Ofen backen. Mit den Hafertalern servieren.

Tipp
Die Hafertaler halten sich, wenn sie abgekühlt sind, luftdicht verpackt ca. 10–12 Tage. Sie schmecken mit salzigem und süßem Belag.

Zweierlei KÄSEFONDUE

Vorbereitung: 10 Minuten
Backzeit: 25 Minuten
Für 3–4 Personen

1 kleines Bauernbrot
200 g Raclettekäse
1 TL Kreuzkümmelsaat
1 Camembert (250 g)
3 cl Whisky
1 Knoblauchzehe
7–8 Stängel Petersilie
50 ml Olivenöl

Mit einem Brotmesser 2 gleich große Rechtecke in das Brot schneiden. Die Rinde in den Rechtecken abheben und die Brotkrume innen zusammendrücken.

Die abgeschnittene Rinde in Streifen schneiden und zusammen mit dem Brot auf ein mit Backpapier belegtes Backblech legen.

Eine Vertiefung des Brotlaibs mit dem Raclettekäse füllen und auf jede zweite Scheibe etwas von der Kreuzkümmelsaat verteilen. Die zweite Vertiefung mit dem Camembert und dem Whisky füllen. Den Ofen auf 180 °C vorheizen.

Den Knoblauch schälen und hacken, die Petersilie hacken und beides mit dem Olivenöl verrühren. Über die Brotstreifen träufeln. Alles zusammen 25 Minuten im Ofen backen.

Tipp
Je nach Ofen backen die Croûtons schneller als der Käse, deshalb herausnehmen, sobald sie goldbraun sind.

Gemüse-Pommes MIT KOCHKÄSE-DIP

Vorbereitung: 10 Minuten
Backzeit: 25 Minuten
Für 6 Personen

250 g Kochkäse (Cancoillotte, z.B. von Le President)
1 EL mediterrane Kräuter
2 Zucchini
1 große oder 2 kleine Süßkartoffeln
100 ml Olivenöl
50 g Parmesan
1 EL Rosmarin

Den Ofen auf 190 °C vorheizen.

Den Schmelzkäse mit etwas von den mediterranen Kräutern bestreuen.

Das Gemüse in Pommesform schneiden und jeweils in eine Schüssel geben. In beiden Schüsseln jeweils die Hälfte des Olivenöls und die Hälfte des Parmesans über das Gemüse geben. Zu den Zucchini-Pommes den Rosmarin geben und gut vermischen. Zu den Süßkartoffel-Pommes die restlichen mediterranen Kräuter geben und ebenfalls gut vermischen.

Alle Pommes auf einem mit Backpapier belegten Backblech verteilen und 25 Minuten im Ofen backen. Mit dem Kochkäse als Dipp servieren.

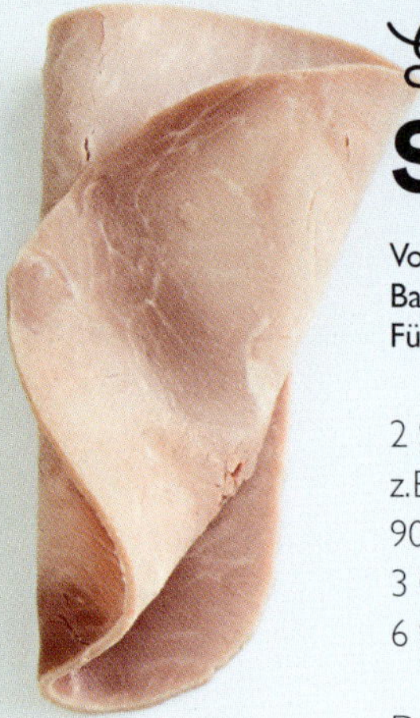

Galettes – STRUDEL

Vorbereitung: 10 Minuten
Backzeit: 20 Minuten
Für 6 Personen

2 Saint-Félicien-Käse (180 g Weißschimmel-Weichkäse, z.B. bei Rewe Feine Welt, ersatzweise 4–5 Marcellin)
90 g Crème fraîche
3 Galettes de sarrasin (Buchweizen-Crêpes)
6 Scheiben gekochter Schinken

Den Ofen auf 180 °C vorheizen und den Saint-Félicien 20 Minuten backen.

In der Zwischenzeit die Galettes mit der Crème fraîche bestreichen. Die Schinkenscheiben darauflegen. Die Galettes mit der Füllung fest zusammenrollen.

Die Rollen in 4–5 Zentimeter breite Scheiben schneiden. In den heißen Käse dippen.

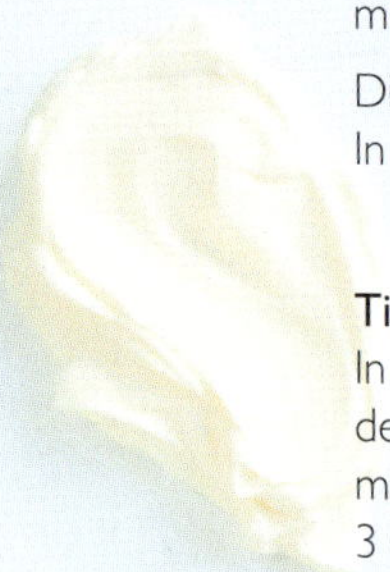

Tipp

In Frankreich kann man fertige Buchweizen-Crêpes (Galettes de sarrasin) in Folie eingeschweißt kaufen. Wer sie selbst macht, backt am besten gleich die doppelte Menge und friert 3 Galettes ein, jeweils mit einer Lage Backpapier dazwischen.

Zutaten für 6 Galettes: 150 g Buchweizenmehl, 100 g Weizenmehl, 3 Eier, ½ Liter Milch (oder Wasser), 1 Prise Salz, Butter zum Braten. Die Eier mit dem Mehl verrühren, nach und nach die Milch hineinrühren und salzen. Den Teig ca. 1 Stunde quellen lassen, dann in einer beschichteten Pfanne dünne Pfannekuchen bzw. Galettes ausbacken. Man kann die Galettes auch ohne Weizenmehl, nur mit 250 g Buchweizenmehl zubereiten.

DANKSAGUNGEN

Vielen Dank an Emmanuel, Rose-Marie, Audrey und das ganze Team von Marabout für Eure Treue und Euer Vertrauen. Die Zusammenarbeit mit Euch macht großen Spaß.

Für David und Christine. Danke für eure Arbeit und Euren Spaß am Essen: Den Mont d'Or mit Äpfeln und Armagnac in weniger als zwei Minuten zu vernichten ist ein Rekord!

Für Francis, meinen kleinen Sonnenschein und Gastrokritiker!

Für meinen Großvater, der einer der ersten Leser sein wird, und für Christelle (und ihre Töchter), die sämtliche Rezepte in diesem Buch ausprobieren werden, da bin ich mir sicher.

Für Franck, der immer die richtigen Flaschen als Begleitung für gute Abende findet!

VERLAGSGRUPPE PATMOS

PATMOS
ESCHBACH
GRÜNEWALD
THORBECKE
SCHWABEN
VER SACRUM

Die Verlagsgruppe
mit Sinn für das Leben

Aus dem Französischen übersetzt von Karen Gerwig

Verlagsgruppe Patmos in der Schwabenverlag AG, Ostfildern
www.thorbecke.de

Umschlaggestaltung: Finken und Bumiller, Stuttgart
Fotografie: David Japy
Foodstyling: Christine Legeret
Hergestellt in China
ISBN 978-3-7995-1418-7 (Print)
ISBN 978-3-7995-1437-8 (eBook)